나무의 수사학

이 도서의 국립중앙도서관 출판시도서목록(CIP)은 e-CIP 홈페이지
(http://www.nl.go.kr/ecip)에서 이용하실 수 있습니다.
(CIP제어번호: CIP2010002422)

실천시선
185

나무의 수사학

손택수

실천문학사

차례

제1부

꽃단추	11
육친	12
감 항아리	13
모과	14
얼음 물고기	16
얼음의 문장	18
얼음 이파리	20
수직 파문	21
새	22
길이 나를 들어올린다	23
수채	24
수정동 물소리	26
흰둥이 생각	28
송아지	29
바늘구멍 사진기	30
나의 아름다운 세탁소	33
구만리 바다	34

눈 내리는 밤의 日記	36
숨거울	38
松韻	39

제2부

빛의 감옥	43
나무의 수사학 1	44
나무의 수사학 2	46
나무의 수사학 3	48
나무의 수사학 4	51
나무의 수사학 5	53
나무의 수사학 6	54
광화문 네거리엔 전광판이 많다	56
햇볕 한 장	58
서울에서 1시간 50분	60
두만강 검은 물에	62
망치	64

스프링	66
강철 거미	68
63빌딩 수족관	69
쓰레기왕	70
풍선인형	72
곰을 위한 진혼곡	74
쥐수염붓	76
귀머거리 개들이 사는 산	78
얼음 신발	80

제3부

동백 사원	85
굴참나무 술병	86
은유	88
감자꽃을 따다	90
바위를 쪼다	92
구름 농장에서	94

물통	96
푸른 밧줄	99
아파트 모내기	100
죽은 양귀비를 곡함	102
초승달 기차	105
자전거 안장	106
시골 버스	108
남해 밥집	110
가슴에 묻은 김칫국물	112
빙어 해장	114
물고기 입술을 기다림	116
백 년 동안의 바느질	118
새의 부족	120
내 시의 저작권에 대해 말씀드리자면	122
지리산과 나의 불편한 관계	124

해설 박수연	129
시인의 말	143

제1부

꽃단추

내가 반하는 것들은 대개 단추가 많다
꼭꼭 채운 단추는 풀어보고 싶어지고
과하게 풀어진 단추는 다시
얌전하게 채워주고 싶어진다
참을성이 부족해서
난폭하게 질주하는 지퍼는 질색
감질이 나면 좀 어떤가
단추를 풀고 채우는 시간을 기다릴 줄 안다는 건
낮과 밤 사이에,
해와 달을
금단추 은단추처럼 달아줄 줄 안다는 것

무덤가에 찬바람 든다고, 꽃이 핀다
용케 제 구멍 위로 쑤욱 고개를 내민 민들레
지상과 지하, 틈이 벌어지지 않게
흔들리는 실뿌리 야무지게 채워놓았다

육친

　책장에 침을 묻히는 건 어머니의 오래된 버릇
　막 달인 간장 맛이라도 보듯
　눌러 찍은 손가락을 혀에 갖다 대고
　한참을 머물렀다 천천히 페이지를 넘기곤 하지
　세상엔 체액을 활자 위에 묻히지 않곤 넘어갈 수 없는
페이지가 있다네
　혀의 동의 없이는 도무지 읽었다고 할 수 없는 페이지
가 있다네
　연필심에 침을 묻혀 글을 쓰던 버릇도 버릇이지만
　책 앞에서 침이 고이는 건
　종이 귀신을 아들로 둔 어머니의 쓸쓸한 버릇
　귀신 씻나락 까먹는 소리 같다고
　아내도 읽지 않는 내 시집 귀퉁이에
　어머니 침이 묻어 있네
　어린 날 오도독오도독 씹은 생선뼈와 함께
　내 목구멍을 타고 넘어오던 그 침
　페이지 페이지 얼룩이 되어 있네

감 항아리

풋감이 떨어지면 소금물에 담가 익혀 먹곤 했다
아들 둘 먼저 보낸 뒤 감나무 잎 스적이는 뒤란에 홀로 앉아 있는 외할머니
떫디떫은 풋내 단물 들어라 소금물 항아리마다 감을 담가놓고 있다
그 항아리 속엔 구름도 들고 산도 들어온다
뒤란에 내린 그늘도 얼마쯤은 짜디짜져서
간이 배는데
간수가 밴 낙과로 빈속을 달래던 시절이 있었다
배 속 아기를 잃어버린 외손주를 위해
툭,
땅을 찧고 뒹구는 감을 줍는 당신

마당귀에 주인을 잃어버린 발자국 하나 아직 떠나보내지 못하고 있는,
짓무른 두 눈 속에서 봄날이 익는다

모과

아파트 화단에 떨어져 있던 모과를 주워왔다
올겨울엔 모과차를 마시리라,
잡화꿀에 절여 쿨룩이는 겨울을 다스려보리라
도마에 올려놓고 쩍 모과를 쪼개는데
잘 익은 속살 속에서
애벌레가 꾸물거리며 기어나온다
모과 속살처럼 노래진 애벌레가
단잠을 깨고 우는 아이처럼 사방을 두리번거린다
애벌레에게 모과는 인큐베이터 같은 것
눈 내리는 겨울밤
어미 대신 자장가를 불러줄 유모의 품과 같은 것
이미 쪼개버린 모과를 다시 붙여놓을 수도 없고,
이 쌀쌀한 철에 애벌레를 업둥이처럼 내다버릴 수도 없고
내가 언제부터 이깟 애벌레 한 마리를 두고 심란해했던가
올겨울 나는 기필코 모과차를 마시리라,
짐짓 무심하게 아내를 바라보는데
아직도 책장 어딘가에 심장이 멎은 태아의

초음파 사진을 간직하고 있는,
놓쳐버린 아기의 태기를 놓지 못하고 있는 모과
속을 드러낸 거죽에 검은 주근깨가 숭숭하다
수술실에서 나올 때 흐느끼는 내 어깨를 말없이 안아주던 너
칼자국 지나간 몸 더 거칠어가는 줄 모르고
바깥으로만 바깥으로만 떠돌던 날들이 있었는데
날을 세운 불빛에 움찔거리는 애벌레처럼 허둥거리는 한때
빈속에 쟁인 울음이 아린 향을 타고 흘러나온다

얼음 물고기

한밤에 누가 아파트 외벽을 친다 동태가 우는 모양이다 아내가 겨우내 해장국을 끓이기 위해 베란다 창틀에 매어놓은 푸른 노끈, 잡아채며 말을 듣지 않는 몸 뒤채고 있는 모양이다

흐린 동태 눈을 부비며 바라보는 어둠 속 창문을 여니 눈이 흩날리고 있다 달라붙는 눈비늘을 털며 어디론가 하염없이 가고 있는 물고기 뿌옇게 날리는 이 눈보라 속에 저희도 무슨 잠 못 드는 시름이 있는지 눈앞의 미끼를 잘못 문 채 머리를 짓찧고 싶은 벽들이 있는지

고드름 맺힌 지느러미 부딪는 소리, 몸에 들러붙은 얼음 조각 서걱이는 소리, 어느 산중에라도 든 듯 따랑따랑 풍경소리를 낸다 몇 해만 더 머물고 뜨자던 서울 이 빚더미 아파트와 벗어날 수 없는 나날들이 한 채 소슬한 절집이라도 된다는 듯

가른 배 속을 파고드는 눈보라 눈보라 아니 가른 배 속에서 산란하는 눈보라 눈보라

얼음의 문장

아내야, 거기선 지구를 몇 바퀴 돌아온 먼지 한 점도 여행자의 어깨에 내려 반짝일 줄 안단다. 설산에서 흘러내린 물방울은 몇 천 년 전 우리 몸속에 있던 울음소리를 닮았지. 네가 아플 때 나는 네팔 어디 설산에 산다는 독수리들을 생각했다. 한평생 얼음과 바위틈을 헤집고 다니던 부리가 마모되면서 더는 사냥을 하지 못하고 꼼짝없이 굶어 죽어가는 독수리들. 그러나, 힘없이 굶어 죽어가는 독수리 떼 사이에서 어느 누군가는 마지막 힘을 다해 설산의 바위를 찾아 날아오르지. 은빛으로 빛나는 바위벽을 향해 날아가 자신의 부리를 부딪쳐 산산이 으깨어버리기 위함이라는데, 자신의 몸을 바위벽을 향해 내던질 때의 고통을 누가 알겠니. 빙벽 앞에서 질끈 눈을 감는 독수리의 두려운 날갯짓과 거친 심장박동 소리를 또 누가 알겠니. 부리를 부숴버린 독수리의 무모함을 비웃듯 바람 소리가 계곡을 할퀴며 지나가는 히말라야. 주린 배를 쥐고 묵묵히 바위를 타고 넘는 짐승의 다친 부리를 너는 알지. 발가락 오그라드는 뿌리들 뻗쳐오른 뿔 끝에 반짝이는 빛을 알지. 머잖아 쓸모없어진 부리를 탓하며 굶어 죽는 대신 스스로 부리를 부숴버린 독수리는 다시 새 부리를 얻는다. 으깨진 자리에서 돋아나는 새 부리만큼의 목숨을 허락받는다. 대대로 숨어 유전하는 설화처럼 허위단심 몇 억 광년을 걸어 내게로 온 아내야, 우리가 놓친 이름들을 헤며 아플 때 네 펄펄 끓는 몸으로 지피는 탄불이 오늘도 공을 치고 돌아온 내 곱은 손을 녹여줄 때 나는 생각했다, 네팔 어디 혹한에 벼린 부리처럼 하늘을 파고든 채 빛나는 설산을.

얼음 이파리

얼어붙은 연못 위에 낙엽이 누워 있다
얼음에 전신을 음각하는 이파리,
파고들어간 자리가
움푹하다
끝도 정도 없이
살갗을 파고드는 비문이 있다면
비문도 나의 살점이 아니겠는가
말을 안으로 감추어버린 白碑
속에서 말을 꺼내듯
빙판을 어루만지는 손,
덜 아문 딱지라도 뜯듯
이파리를 걷어내자
얼음 속으로 실핏줄이 이어진다
따끔따끔 떨어져나온 자리마다
잎맥이 돋아난다

수직 파문

바람이 불 때마다
얼음 위로
파문이 인다
얼음 속에서 뽑아 올리는 마디마디
하늘로 번져가는 수직의
단단한 파문들,
대나무는 마디가 생장점이다
세상에서 가장 무서운 게 뭐냐는 질문에
자식이라고 말하는,
내게도 다리를 저는 어머니가 있지만
아픈 마디마다
돋아나는 잎들을 매달고
골수를 빨아먹히며 짱짱해져가는 뼈들
끝에, 꾸욱 꾹
눌러 그린 골필악보
새들의 뼈마디가 이어진다
치밀어 오른 하늘 끝에 시퍼런 음들이 돋아난다

새

점 하나를 공중에 찍어놓았다 점자라도 박듯 꾸욱
눌러놓았다

날갯짓도 없이,
한동안,
꿈쩍도 않는,
새

비가 몰려오는가 머언 북쪽 하늘에서 진눈깨비
소식이라도 있는가

깃털을 흔들고 가는 바람을 읽고 구름을 읽는
골똘한 저,
한 점

속으로 온 하늘이 빨려 들어가고 있다

길이 나를 들어 올린다

구두 뒤축이 들렸다 닳을 대로 닳아서
뒤축과 땅 사이에
새끼손가락 한 마디만 한 공간이 생겼다
깨어질 대로 깨어진 구두코를 닦으며
걸어오는 동안, 길이
이 지긋지긋한 길이
나를 들어 올리고 있었나 보다
닳는 만큼, 발등이 부어오르는 만큼 뒤꿈치를 뽈끈
들어 올려주고 있었나 보다
가끔씩 한쪽으로 기우뚱 몸이 기운다는 건
내 뒤축이 허공을 딛고 있다는 얘기
허공을 디디며 걷고 있다는 얘기
이제 내가 딛는 것의 반은 땅이고
반은 허공이다 그 사이에
내 낡은 구두가 있다

수채

  어딘가로 번지기 위해선 색을 흐릴 줄 알아야 한다 색을 흐린다는 것은 나를 지울 줄 안다는 것이다 뭉쳐진 색을 풀어 얼마쯤 흐리멍텅, 해질 줄 안다는 것이다

  퇴근 무렵 망원역 앞에서 버스를 기다리는데 맞은편 건물 벽이 발그스름하게 물들어간다 어디선가 해가 지고 있는 모양이다 바깥으로 뿜어대던 열기를 삼키며 제 색을 조금씩 허물고 있는 모양이다 빌딩으로 뒤덮인 거리, 둘러봐도 해는 보이지 않는데 지는 해가 분단장을 하듯 붕어빵집 아주머니의 볼과 생선비늘 묻은 전대를 차고 끄떡끄떡 졸고 있는 아낙의 이마에 머물렀다 간다 남루하디남루한 시장 한 귀퉁이에 지상에 없는 빛깔이 잠시 깔리는 시간

  바람이 구름을 몰고 성미산 너머 북한산 쪽으로 간다 한강에서 날아오른 물새 두엇이 물풀 냄새를 끼치며 선교사 묘지 위로 날아간다

  버스가 오기 전 둘 데 없는 눈으로 나는 바닥에 구르는 모래알을 보고, 모래와 모래가 등을 부비는 사이의 반짝

임, 흩어지면 사라지는 틈을 보고, 여위면서 바래가는 가로수빛을 우두커니 바라보는데

깨어진 구두코에 내린 어둠을 구두약처럼 슬슬 문질러대면서 나는 집으로 돌아가리라 장바구니를 들고 돌아오는 아내와 시래기 마르는 처마 아래서 나물을 다듬는 어머니의 집 간난도 설움도 불빛 하나로 단촐해진 지붕을 찾아가리라

저를 얼마쯤은 놓칠 줄 안다는 것 묽디묽은 풍경 속에서 멈칫, 흐릿해질 줄 안다는 것 색을 흐린다는 것은 그러니 나를 아주 지우지는 못한다는 것이다 나를 아주 지우지는 못하고 물끄러미, 다만 물끄러미 놓쳐본다는 것이다

수정동 물소리

수정동 산비탈 백팔 계단에 서면 통도사 금강계단이 겹친다

산복도로 내가 오를 계단 끝엔 가난한 불빛 한 점이 있고,
통도사 금강계단 끝엔 부처님
진신사리가 있다

살아가는 게 묘기로구나, 벼랑 위에 만든 계단이여, 끝없이 관절을 꺾는 힘으로 찾아가는 집이여, 가슴에 든 멍이 까맣게 죽은 빛을 하고 밤이 찾아오면

불이, 물소리를 켠다
금강계단 가물가물 번져가는 연등 속에서
부은 발을 어루만지는 물소리가 흘러나온다

저린 무릎 짚고 한 단 두 단 꺾어졌다 펴지는 물소리,

다친 모서리를 쓰다듬으며 하염없이 출렁이는 물소리

  흘러내려간다, 부산 앞바다
  그 너머 수평선
  가슴에 든 멍이 쪽빛이 될 때까지는

흰둥이 생각

 손을 내밀면 연하고 보드라운 혀로 손등이며 볼을 쓰윽, 쓱 핥아주며 간지럼을 태우던 흰둥이. 보신탕감으로 내다 팔아야겠다고, 어머니가 앓아누우신 아버지의 약봉지를 세던 밤. 나는 아무도 몰래 대문을 열고 나가 흰둥이 목에 걸린 쇠줄을 풀어주고 말았다. 어서 도망가라, 멀리 멀리, 자꾸 뒤돌아보는 녀석을 향해 돌팔매질을 하며 아버지의 약값 때문에 밤새 가슴이 무거웠다. 다음 날 아침 멀리 달아났으리라 믿었던 흰둥이가 아무 일도 없었다는 듯이 돌아와서 그날따라 푸짐하게 나온 밥그릇을 바닥까지 다디달게 핥고 있는 걸 보았을 때, 어린 나는 그예 꾹 참고 있던 울음보를 터뜨리고 말았는데

 흰둥이는 그런 나를 다만 젖은 눈빛으로 핥아주는 것이었다. 개장수의 오토바이에 끌려가면서 쓰윽, 쓱 혀보다 더 축축히 젖은 눈빛으로 핥아주고만 있는 것이었다.

송아지

구들방 윗목 헌 가마니때기에선 두엄 냄새가 났다
두엄 속 씨고구마에 물을 주던 밤이었다
할아버지 옆에선 송아지가 새근거리고 있었다
어미 배 속에서 툭 떨어질 때 숨을 쉬지 못해
인공호흡을 시켰던 송아지
예정보다 일찍 나온 송아지는 유난히 야위어서,
방에서 사흘 낮밤을 꼬박 곤하게 새근거렸는데
어미 냄새가 아직 가시지 않은 젖먹이
그 보드라운 털에 볼을 부비고 있으려면,
씨고구마 자줏빛 싹 올라오는 소리가 들렸다
저 고구마 싹처럼 송아지 머리에도 머잖아 뿔이 돋겠지
뿔이 돋으면 그도 어미소처럼 사흘 갈이 고구마 밭을
매러 가야 하겠지
다독다독 밤이 새도록 지붕을 덮는 눈 속
이불을 머리까지 뒤집어쓰고 있노라면
잠 못 드는 어미의 쇠방울 소리에 답이라도 하듯
물기가 많은 코울음 소리를 냈다

바늘구멍 사진기

벌레들이 정지문에 구멍을 내놓은 거다 그 구멍 속으로 빛이 들어오면
아궁이 그을음이 낀 벽에 상이 맺혔다
나비가 지나가면 나비 그림자가, 마당에 뿌려놓은 햇싸라기를 쪼아 먹는 새 그림자가
살강의 흰그릇들에 거꾸로 맺히곤 하였다
손가락으로 밀면 까무스름 묻어나던 그을음은
불에 탄 짚들이 들판과 하늘을 잊지 못하고 벽에 붙여놓은 필름,
그 위로 떠가는 상들을 놓치지 않기 위해 나는 어둠을 더 편애하게 된 것이 아닐까
사내 녀석이 꼬추 떨어진다, 할머니 불호령은 늘 두려웠지만
나는 여전히 아궁이 재 속에 묻어놓은 고구마와
솥단지 바닥의 누룽지를 탐하는 부엌강아지
잠을 자다 일어나 나무 속살을 갉아 먹고
나무 속살에 스민 물소리와 볕들을 갉아 먹고

배부르면 다시 잠이 드는 애벌레처럼

기다란 꿈속에 일 나간 식구들을 기다리곤 하였는데

영사기 필름처럼 차르르 돌아가던 풀무질 소리 뚝, 끊어진 어디쯤일까

그사이 암실벽 노릇을 하던 정지벽도 까무룩 사라져버렸고

상할머니 곰방대처럼 뽀끔뽀끔 연기를 뿜어 올리던 굴뚝도 사라져버렸다

이제는 스위치를 올리면 바퀴처럼 단박에 어둠을 내쫓는 한 평 반의 부엌

싸늘한 불빛이 거리를 떠돌다 온 胃를 쓸쓸히 맞이할 뿐이다

문을 닫은 채 웅크려 빛을 빨아들이는 벌레 구멍을 숨구멍처럼 더듬는 밤

하늘에 난 저 별은 누가 갉아 먹은 흔적인지,

구멍 숭숭한 저 별이 빨아들이는 빛은 어느 가슴에 가서 맺히는지

이런 적적한 밤 나는 아직도 옛날 정지를 잊지 못해서
하릴없이 낡은 밥상을 끌어안고 시를 쓰곤 한다
밥상이 책상으로 둔갑하는 줄은 까맣게 모르고 새근거리는 식구들,
그들 곁에서 쓰는 시가 비록 꼬들꼬들하게 익은 밥알 같은 것이 될 수는 없겠지만
할머니의 아궁이에서 올라온 그을음이 부엌강아지 젖은 콧등에 까뭇이 묻어날 것 같아선
애벌레처럼 사각사각 연필을 깎으면서
살강의 흰 그릇처럼 정갈하게 놓여 있는 종이 위에
어룽거리다 가는 말들을 찬찬히 베껴 써보곤 하는 것이다

나의 아름다운 세탁소

명절 앞날 세탁소에서 양복을 들고 왔다
양복을 들고 온 아낙의 얼굴엔
주름이 자글자글하다
내 양복 주름이 모두 아낙에게로 옮겨간 것 같다
범일동 산비탈 골목 끝에 있던 세탁소가 생각난다
겨울 저녁 세탁, 세탁
하얀 스팀을 뿜어내며
세탁물을 얻으러 다니던 사내
그의 집엔 주름 문이 있었고
아코디언처럼 문을 접었다 펴면
타향살이 적막한 노래가 가끔씩 흘러나왔다
치익 칙 고향역 찾아가는 증기기관차처럼
하얀 스팀을 뿜어내던 세탁소
세상의 모든 구불구불한 골목들을
온몸에 둘둘 감고 있다고 생각했던 집
세탁소 아낙이 아파트 계단을 내려간다
계단이 접혔다 펴지며 아련한 소리를 낸다

구만리 바다
—임성원 형에게

시집간 여자가 산다는 바닷가 마을을
한번은 무심히 스쳐 지날 일이 있었지
바다로 난 언덕 위에 올라
까끌하게 출렁이는 보리밭 물결과
구만리 너머에서 밀려오는 파도 소리,
등대 앞 풍력발전기 날개에 감기는 바람 소리만 듣다가
어느 집 빨랫줄에 걸린 기저귀가
돛처럼 부푸는 걸 보고
그물질 나간 목선을 향해
밥때가 되었다고,
손짓하는 저녁연기만 하염없이 바라보다 온 날이 있었지
한 백 년쯤 지나서 나 여기 다시 올 수 있을까
살도 뼈도 다 벗어버린 어느 날
아무런 고통도 슬픔도 없이
보리밭 이랑을 넘어가는 저녁 해,
등대 앞 발전기를 돌리는 바람 소리나 되어
바람 부는 바람 부는

가슴에 수평선 하나 걸어놓으면
다만 잔잔한 물결이 되어 출렁이는 바닷가

눈 내리는 밤의 日記

눈 내리는 밤이다 기다리는 사람은 아직 오지 않았다 등불 속에서 들려오는 깊은 한숨 소리, 귀고리처럼 매달린 문고리를 흔들다 가는 바람 소리, 공책을 메워가는 연필 소리만 들린다 그리운 게 많아질수록 살기는 더 힘들어지는구나 처마 끝에 가닥가닥 하얀한 주렴을 치고 주렴이 저희끼리 부딪히며 내는 아련한 여운 속에서

나는 왜 받지도 못한 편지의 답서를 미리 써두어야 했던가 모든 길이 끊어진 자리에서 더디게 뻗어오는 눈길 하나를 기다려야 했던가 반질하게 손때가 묻은 앉은뱅이 책상에 앉아 묵은 사진첩을 들춰본다 하릴없이 귀퉁이가 다 닳은 일기장을 펼쳐본다 지문처럼 찍힌 가파른 내 안의 등고선을 맴돌다, 자작나무숲과 까마귀와 묘지가 있는 언덕을 지나 불꽃나무 산채에 이르는 눈발

눈발의 그 부르튼 발등이 보이는 날이다 기다리는 사람은 오지 않았다 아래로, 아래로, 눈꺼풀을 쓸어내리던 그

오랜 버릇대로 눈은 내리고 나는 다만 붉은 열매처럼 잘 익은 알등을 켠다 흐린 불빛이 불러다준, 턱없이 커진 그림자와 함께 적적한 한때를 달랜다 부질없이 설레던 불빛이 한결 고요해졌다

숨거울

그 어느 핸가 나는
죽어가는 사내의 코끝에 손거울을 대고
흐린 거울이 점점 맑아져가면서
한 생이 흐릿하게 지워져가는 걸
지켜본 적이 있네
그의 마지막 숨결로 닦은
거울을 품고
나는 얼마나 많은 날들을 스쳐 지나왔던가
그사이 나는 내게로 왔다가
숨을 얻지 못하고 떠난 이름들을
헤아리곤 하네 맑게 갠 거울 속
숨소리에 가만히 귀를 기울이며
수면 위에 피어나는 안개처럼
희붐한 숨결을 더해보곤 하네

松韻

제 살아온 내력을 들여다보고 싶을 때
바늘잎 하나 가만히 내려놓는 나무가 있다면,
그 아래 연못 같은 귀를 파고
떨어지는 바늘잎 하나
품어보고 싶다
지난날 나는 나무의 속을 들여다보겠다고
도끼날 함부로 휘두르던 나무꾼이 아니었던지,
쿡쿡 속을 쑤시는 아픔과 함께 못물 위로 파문 져가는
나이테
결을 따라 흐르는 음악이여
이제 나의 일은 연못을 파는 것,
일렁이는 물결로 물기슭을 쳐보는 것
몸 밖의 파문과 몸속의 파문이 부딪힐 때
출렁, 떨어지는 바늘잎 하나 가슴에 얹어본다

제2부

빛의 감옥

가로등 어디에 틈이 있어
날벌레들이 그 속을 파고드는 모양이다
입구를 잃어버린 날벌레 한 마리가
램프를 감싼 유리를 두드리고 있다
유리벽에 머리를 짓찧고 있다
저 환한 무덤 속으로 들어가기 위하여
얼마나 파닥거리며 왔던가
무덤의 중심으로부터 밀려나지 않기 위하여
발버둥을 쳤던가
비명으로 꽉 찬 유리 속에 간신히
둥지를 튼다
쿵, 이삿짐을 풀고 내다보는 거리
가로등이 거리를 밝히는 대신 감추고 있는,
유리알 속에 아침마다 눈곱이 낀다

나무의 수사학 1

꽃이 피었다,
도시가 나무에게
반어법을 가르친 것이다
이 도시의 이주민이 된 뒤부터
속마음을 곧이곧대로 드러낸다는 것이
얼마나 어리석은가를 나도 곧 깨닫게 되었지만
살아 있자, 악착같이 들뜬 뿌리라도 내리자
속마음을 감추는 대신
비트는 법을 익히게 된 서른 몇 이후부터
나무는 나의 스승
그가 견딜 수 없는 건
꽃향기 따라 나비와 벌이
붕붕거린다는 것,
내성이 생긴 이파리를
벌레들이 변함없이 아삭아삭
뜯어 먹는다는 것
도로변 시끄러운 가로등 곁에서 허구한 날

신경증과 불면증에 시달리며 피어나는 꽃
참을 수 없다 나무는, 알고 보면
치욕으로 푸르다

나무의 수사학 2

식육점 간판을 가리다
잘려 나간 가지 끝에
물방울이 맺혀 있다
흘러갈 곳을 잃어버린 수액이
전기 톱날 자국 끝에 맺혀 떨고 있는 한때
나무에게 남아 있는 고통이 있다면 이제는
아무런 고통도 느껴지지 않는다는 것
수로를 잃은 물방울이 떨어질 때의 그
아찔하던 순간도 잠시
빈 소매를 펄럭이듯,
팔 없는 소맷자락 주머니에 넣고 불쑥
한 손을 내밀듯
초록에 묻혀 있는 나무
환지통을 앓는 건 어쩌면
나무가 아니라 새다
허공 속에 아직도
실핏줄이 흐르고 있다는 듯

내려앉지 못하고 날갯짓
날갯짓만 하다 돌아가는,

나무의 수사학 3

벚나무의 괴로움을 알겠다
꽃 피는 벚나무의 괴로움을 나는
부끄러움 때문이라 생각한다

퇴근길 지하철 계단 위로 벚꽃이 날린다
출입구 쪽에서 흩날리던 꽃잎 몇이
바람을 타고 계단에 날아와 앉는다
이 지하철역 가까운 곳에서는 얼마 전
철거민들이 불타 죽은 일이 있었지

계단 계단 누운 벚꽃을 밟고 오르며 나는 인어를 생각한다
떨어지지 않는 철거민 생각 대신
벚꽃 아래 사진을 찍던 여자들
종아리 맨살에 화르르 달라붙던 꽃비늘과
그이들 가슴에 익어갈 버찌
버찌에 물든 입술처럼 푸르를 바다 생각에 젖는다

그런데 이건 아니다 도리질 도리질
언젠가부터 나는 꽃을 마음 놓고 사랑하지 못했다
국회의사당 앞에서는 춘투를 읽고,
꽃향기 따라 닝닝거리는 트럭 점포 앞에서는 유랑과 실업을 읽었다

벚꽃을 나는 이제 그냥 벚꽃으로만 보고 싶을 뿐인데,
어깨를 스치는 꽃비늘에 사라져버린 인어와
바닥을 씻고 가는 물소리가 다시 들리는 것도 같은데

여기는 불과 재의 시간을 지나온 먼지 한 점이 아직 눈을 감지 못하는 땅
숨결을 타고 들어온 먼지들이 쿨룩쿨룩 잠든 내 몸속을 하얗게 떠돌아다니는 땅

꽃잎이 오르내리는 사람들 구두 밑에서 으깨진다

절반쯤 으깨진 몸을 바닥에 붙이고
날아오를 듯 말 듯 들썩인다

푹 꺼진 계단 계단 제 몸에 찍힌 발자국을
들었다 놓는 꽃잎,

나무의 수사학 4

나뭇잎과 푸른 물고기에 대한 비유를 더는 쓸 수가 없다
나무줄기와 강줄기에 대한 비유도 그저 지루하기만 하다

여기 하수도관을 뚫고 들어간 나무가 있다
잇몸이 가려운 시궁쥐 이빨처럼
드릴 구멍을 낸 뿌리들

만년필로 검은 잉크를 빨아들이듯
관에 들러붙은 오물을 빨아들인다면
내다 버린 아기와 죽은 고양이 울음소리가
폐수를 따라 올라온다면

광기로 부글거리는 늪을 품고 구토를 하는 나무들아
걸러내고 걸러내다 지쳐 게워내는 고통의 초록들아

버릴 수 없다 가지와 가지를 물들이고,
가지와 가지 사이 여백까지 푸르스름

번져가기 위해 덧나는 잎이 네 욱신거리는 수사들이라면

나무야 나의 시는 조금만 더 낡아야겠구나
제 머리를 쥐어뜯으며 미쳐가는 만년필 속
폐수를 거슬러 오르는 한 마리 푸른 물고기가 있어

나무의 수사학 5

 용케 헐리지 않았다 모래내 대장간 지나갈 때마다 가게 앞에 내다놓은 소철나무 안부를 묻는다 게으름뱅이가 키우기 좋다고, 아무렇게나 내버려둬도 저 혼자 잘 자라니 한 달에 한두 번 물이나 주면 된다던 소철 시들어버린 등걸에 못을 박고 물을 준다 못이 녹슬면 녹물이 나무 안으로 들어가 모자란 철분을 보충해줄 거야 극약처방이라도 하듯 푸석푸석 마른 살갗을 함부로 찔러보는 날들 광석이 흙으로 둘러싸인 식물이 아니라면 무엇일까 운석을 캐던 연금술사들의 믿음대로 녹슨 못을 푸른 못으로 뽑아내는 소철 슬레이트 지붕 너머로 떨어지는 해를 화덕 속 시우쇠처럼 품고 두드려댄다 땅, 땅, 땅 굳은 땅에 박힌 새들의 부리 자국처럼 파고든 침엽마다 뭉친 혈이 풀리면 오래전에 사라져버린 빛 하나 따끔 살갗을 뚫고 나오는 대장간

나무의 수사학 6

공원 화장실 옆에 신갈나무가 있다
누구에게 머리채를 쥐어뜯기기라도 한 듯
이파리 듬성듬성한,
화장실 청소도구함 속에서 아낙이 밀걸레를 빤다
헝클어진 머리카락으로 하늘을 쓸고 왔나
싸구려 파마기에 빠져나간 올올
청소가 끝나길 입구에서 기다리는 동안
나는 어쩌다 아낙의 발뒤꿈치를 바라보는데
해진 양말 밖으로 삐져나온 뒤꿈치가
갈라 터졌다 속살이 다 보일 듯 불가뭄이 들었다
저 마른 살에 바셀린 로션이라도 발라줘야 하는데
아직도 세상 어딘가엔 양말 속에 촉 나간 알전구를 받쳐 넣고
  수명이 다한 전구빛 살려내듯 실을 풀어내는 여자가 있지
  기운 양말을 신고 구석구석 방 소제를 하시는 어머니가 있지

갈라진 발뒤꿈치에 찰칵, 들어온 불이 꺼질 줄을 모르는 화장실
살갗 터진 나무도 꽃등을 켜들고 서선
올 나간 머리카락 흐린 하늘을 민다

광화문 네거리엔 전광판이 많다

비가 오려나,
하늘을 보는데
옥외 전광판이 보인다
풀 컬러 고해상도로
발광하는 건물들
시사뉴스와 광고와 스포츠 영상을 끝없이
전송하고 있다
잠시도 무료할 틈이 없는 거리
저물어가는 노을 대신 화려하게
명멸하는 이미지들을 따라가기 바쁘다
언젠간 밤하늘 별을 보면서도
뉴스나 광고를 생각하겠구나
광고 하나 나 하나
광고 둘 나 둘
리모컨으로 꾸욱 눌러 꺼버릴 수도 없는 전광판을 헤며
밤을 지새우기도 하겠구나
신호등 앞에서 잠시 넋을 잃고 있는 이마 위로 투둑

빗방울이 떨어진다
(11시 현재 누적 당첨금 75억 3천만 원
당신에게도 옵니다, 로또)
지나가는 광고 문구를 애무하며 주르륵
미끄러져 내리는 빗방울
허공에서부터 고해상도로
발광하고 있다

햇볕 한 장

이 치운 날 돌돌 말아 어느 구석에 처박아두었던 장판인가
사내가 앉는 곳엔 늘 엉덩이 등허리 뜨듯하게 지질 수 있는 햇볕 한 장이 있다

햇볕이 그를 따라다니는 것일까
그가 햇볕을 잘 접어서 때 묻은 배낭 속에 넣고 다니는 것은 아닐까
한번은 먹구름장 잔뜩 낀 역광장에 그가 누운 자리에만 볕이 내리고 있었는데
구름과 구름 사이로 흐르는 전기가 붉은 구리선을 타고 내려와 전기장판 한 장을 깔아주고 있었는데

이 지상에서 볕이 모두 사라져버린 날
나는 아무래도 그의 배낭 속이 심히 궁금해질 것 같다

형씨 세상의 볕은 다 어디로 가버렸단 말이오

노숙하는 비둘기 빨갛게 언 맨발이 주춤주춤 다가오면 자리를 내주며,

세상에서 가장 게을러터진 하품으로 반짝이는 햇볕 한 장

서울에서 1시간 50분

강물 소리다
서울에서 1시간 50분, 영월—
지자체의 관광 안내 사진이 붙어 있는 지하철역 벽 아래 계단에서
아이가 노래를 부르고 있다
잘 훈련받은 앵벌이처럼
아이의 노래는 자못 구성지기까지 하다
관광 안내 사진 속의 동강을
연민을 자극하는 배경으로 연출한 것 같다
앵벌이치고 제법이구나
오르내리는 사람들이 돈을 내미는데
구걸에 아직 익숙하지 않은지 얼굴을 붉히며
고개를 흔드는 아이, 내민 손이 부끄럽게
눈길을 피하고 만다
아이 옆엔 술에 절어 잠든 사내가 있다
아비로 보이는 사내가
배낭을 베개 삼아 잠에 취해 있다

아비를 위해 자장가를 부르고 있었을까
길바닥에 나앉은 아비의 곤한 잠을 위해
아비에게 배운 노래를 불러주고 있었을까
서울에서 1시간 50분, 저기까지 가는 덴
평생이 걸릴지도 몰라
어라연이라던가 섭다리라던가
돌들이 모래알을 품고 웃는 강
어금니 꾸욱 물고 계단을 거슬러 오르는데
멈췄던 강물 소리가 다시 들려온다
엄마야 누나야
해가 들다 만 계단을 강물이 흘러내린다
영월, 서울에서 1시간 50분

두만강 검은 물에

 간밤에 누가 강을 건넜는가, 눈 덮인 얼음 위에 발자국이 어지럽다 뚜포— 뚜포— 한쪽 두부장수가 지나가는 남평진 옥수숫대 서걱이는 강 건너 따닥따닥 붙은 다락밭이 누더기 옷을 기워 입은 것 같다
 지난밤 라경호텔 식당에서 먹은 칠색송어와 별 네 개짜리 고량주가 아직 배 속에서 부글거리는 것 같은데 벼랑을 따라 미끄러져 내리던 어느 갈퀴손의 흔적인지 손톱자국처럼 후벼 팬 산길, 철조망 너머 눈 덮인 강이 투두둑 몸을 틀며 산협을 감아오른다
 밀강 옆엔 미산, 삼합 옆엔 회령 마주 보고 있어서 더 외로운 국경마을들 소켓에 백열등 갈아 끼우는 소리를 내며 별이 뜨고 신호에 답하듯 지상에도 가물가물 불이 들어온다 이 밤에 또 누가 강을 건너려나 인민군들 몇이 펄럭이고 있는 강변 일행 중 하나는 남쪽에서 귀한 한약재로 쓴다는 겨우살이를 가리키는데
 백양나무 봇나무 폭설에 부러진 생목가지 속살에서 수도관을 뚫고 나온 물처럼 싸한 향이 콸콸거린다 팍, 강

허리가 꺾어지는 자리, 금 간 얼음 속으로 검은 물이 흘러간다

망치

인도에 내다놓은 고무 수조 속의 붕어 한 마리가
길 밖으로 물을 끼얹고 있다

마침 등 굽은 인부가 새로 깐 보도블록 위로 망치를 두드리며 지나간다

나른하게 거품을 문 수면을 때리며 겨우 숨이나 쉬며 살던 붕어가
수면 위로 들어 올린 몸을 수조 밖으로 왈칵 엎질렀을 때,

놀란 나는 봉 위로 허리를 들어 올리는 장대높이뛰기 선수를 생각했을까
매트 위로 떨어질 때의 반동처럼 철썩철썩
마른 길바닥에 제 몸을 사정없이 후려치는 붕어

비늘 다 떨어져나가라 몸을 연신 뒤집어엎는 그 몸짓

에서

  나는 또 길바닥에 손바닥 장단을 맞추며 우는 버릇이 있는 어머니의 통곡을 생각했는데,

  어떤 울음에는 저와 같은 탄력이 있어 제 육중한 몸을 풀쩍 들어 올리기도 하는지,
  길바닥에 흥건한 날비린내 좌악 쏟아붓기도 하는지

  수조 속의 붕어들이 얌전히 엑기스가 되길 기다리고 있는 한방건강원 앞

  어른 팔뚝만 한 것이 쿵, 쿵 들뜬 보도블록을 내려친다
  땡볕에 치를 떨며 쇠비늘 다 떨어져나가라 퍼덕이는 망치

스프링

  사내가 수레를 끌고 언덕바지를 오른다 사내의 비틀린 몸은 땀방울을 쥐어짜고 있다

  수박이 실린 수레 뒤에서 배가 불룩해진 여자가 끄응 끙 수레를 따른다 한쪽 손으로는 무거운 배를 안고, 한쪽 손으로는 수레를 밀면서

  지난봄 사내의 넝쿨 끝엔 딸기와 외가 열렸었다 상하기 시작한 딸기를 자주 헐값에 팔아넘겨야 했었다

  소아마비 뒤틀리는 사내의 몸속 굽이치는 무늬가 길을 휘감고 오른다 만삭이 된 수박 수레바퀴를 돌린다

  저 고행 끝에 가을이면 꼬투리가 터지리라 단단한 꼬투리 뒤틀어지는 힘으로 씨앗들이 톡 톡 터져 나오리라

  머리가 짓눌릴 때마다 볼펜을 똑딱거리며 바라보는 사

무실 창밖 배배 튼 길이 꼭 볼펜 속 스프링 같다 꾸욱 짓눌리는 힘으로 따악 소리를 내며 튕겨오르는 스프링,

  날아갈 수 없는 허리와 목을 비틀며 기지개를 켠다 언덕 위의 꼬부라진 골목길 넝쿨넝쿨 뻗어간 몸에 맺힌 만삭 한 덩이 쩍, 갈라지는 소리가 들린다

강철 거미

손바닥이 끈적하다, 공사장을 떠돌다
내 사는 화정 인근까지 파견을 온 동창 녀석
쇠심 박은 다리를 절뚝절뚝 파이프관과 관을 잇고 조이며
허공을 기어오르는 비계공이 되었다
쇠파이프를 거미줄 삼아 살다 보니
몸속에도 쇠거미줄이 생겼다고
멋쩍게 웃는 녀석
그의 포획물은 결국 그 자신이었단 말인가
제 몸에 갇힌 거미, 네가 노래하는 하늘엔
내딛는 곳마다 발목 지뢰가 묻혀 있어서
언제 터질지 모른다고
발판을 거듭 더듬거리는 시늉을 하더니
딛고 선 땅도 허공과 다를 바 없다는 뜻이었을까
건네온 악수가 풀리지 않는다
공사장 근처 끈적한 쇠파이프들,
장마 내내 입에 쳤던 거미줄이
우글우글하다

63빌딩 수족관

피라니아가 금붕어를 물어뜯는다
살점이 떨어져나갈 때마다
희미해져가는 비늘빛에 반짝 생기가 돈다
멱줄이 끊어져나갈 때까지
급소를 용케 피해가는 식인어
그 앞에서 금붕어 역시 예정된 죽음을 서두르지 않는다
일찌감치 떨어져나간 살점이 기다란 배설물이 되어
물을 탁하게 흐려놓는 걸 지켜보면서
피부병을 앓는 피라니아 살갗이 수피처럼 일어서고
그 틈으로 물곰팡이가 피어나는 걸 똑똑히 지켜보면서
마시는 족족 구멍 난 풍선처럼 새어 나가버리는 숨을 급하게 몰아쉰다
밤이 오면 수족관 속 형광등만 소스라치게 환한 빌딩 속
지느러미들이 흐느적거린다
잘 닦인 표면에 절반쯤
뜯겨나간 구름이 숨을 쉬고 있다

쓰레기왕

비둘기와 고양이가 그의 불편한 이웃들이다
김 빠진 콜라병 주둥이 속으로 들어가
출구를 찾지 못한 채 붕붕거리는 꿀벌이 그의 식성을 이해한다
죽음도 잊게 만드는 이 부패의 냄새 없이 어찌
하루를 견딜 수 있을까
그는 몸속에 쓰레기통을 품고 산다
그의 위장은 쓰레기통에 받쳐놓은 비닐 봉투,
말하자면 도시의 모든 길들이 그의 식도다
부패의 냄새를 마침내 보호색으로 삼게 된 사내
옆을 지나치면 절로 콧잔등을 찡그리며
고개를 돌리게 되는 저 악취야말로 마지막 남은 그의 무기다
길을 타고 꾸역꾸역 음식물들이 들어온다
토사물을 찍어 먹는 비둘기 옆에서
낙엽을 듬뿍 삼킨 종량제 봉투를 소파처럼 기대고
태평스럽게 잠이 든 사내, 정물처럼 무심히 스쳐 지나

는데

  꽉 묶어놓지 못한 주둥이 밖으로 희미한 잠꼬대가 새어나온다, 엄니—

  쓰레기 더미를 뒤적거리던 고양이 눈이 회동그래진 잠시

풍선인형

나는 거리의 춤꾼 잔칫집이 있으면 어디서나 춤을 추지
멀리서도 알아볼 수 있도록
껑청한 키로 나른한 허공을 마구 붐비게 해주지
이벤트가 있는 곳이면 어디든 달려가
허리를 꺾었다 폈다, 어깨를 끝없이 출렁여대지
한번은 허수아비 대신 논가에서 춤으로 새들을 쫓기도 했어
뽑아서는 안 될 시장을 위해 선거 홍보를 하기도 했지
나는 거리의 춤꾼 몸속으로 쏴 바람이 들어오면
구겨진 몸을 펴 올리며 우쭐우쭐 일어서지
바람으로 단련된 이 팽팽한 근육을 좀 봐
내 몸속엔 아마 잔칫집들을 찾아다니며 타령을 하던 각설이의 피가 흐르나 봐
지하철에서, 여관에서, 노래방에서
24시간 환하게 불을 켠 비상구
표시등 위의 사람처럼 온 도시에 춤꾼들이 우글거리지
달리고 달려보지만 어디로도 빠져나갈 수 없는 비상구

를 품고
　오늘도 간판을 새로 다는 거리
　이 참을 수 없는 바람은 과연 어디에서 불어오는 걸까
　춤을 멈출 수 없어 발목을 잘라버린 빨간구두 소녀처럼
　저주를 풀기 위해 나는 나를 찢어버려야 할지도 모르는데
　피시식 찾아낸 구멍 어디로도 바람이 새어 나가지 않게
　누군가 친절하게 반창고까지 붙여놓았군
　그래 나는 어쩔 수 없는 거리의 춤꾼
　다음 개업식장을 찾아 송풍기가 꺼지면
　허공을 물속처럼 허우적거리며 무너져내려야 해
　사정 뒤의 콘돔처럼 허물만 남은 몸으로 바닥을 짚고 고통스럽게 쿨럭거려야 하지
　하지만 고통이라니, 몸을 부르르 떨게 하는 고통도
　몸을 구깃구깃 접어 마는 치욕도 딴은 춤의 일종
　그런데, 바람은 또 어디에서 불고 있는 걸까

곰을 위한 진혼곡
―대운하

곰이 겨울잠에 든 사이
곰의 배에 구멍을 뚫는 거다
생수회사 쇠파이프로 땅을 파고들듯
그렇게,
요란하겐 말고
잠든 곰이 깨지 않도록 조심조심
구멍 속에 빨대를 꽂고
쓸개즙을 쪽, 쪽 빨아 먹는 거다
정력엔 역시 곰쓸개가 최고
이 힘으로 고속도로를 뚫은 우리들이 아니던가
온 천지에 빨대를 꽂은 우리들이 아니던가
중간에 혹 곰이 눈을 뜨면 친절하게 사정 설명을 하자
별일은 없을 거라고, 당신의 쓸개즙이
병든 우리를 구원할 거라고
그렇게 위기를 잠시 모면해보자
머리를 긁적이던 곰이 어디 한두 번 속아왔냐
가슴을 치며 화를 낼 수도 있겠지

미심쩍다는 듯이 굴속으로 들어가 버틸 수도 있겠지
자, 이때를 위해 꿀을 준비해두는 거다
곰이 환장할 꿀에 취해 정신을 못 차리는 동안
마음 놓고 쓸개즙을 빨아 먹는 거다
멍청한 곰은 곧 잠이 들고 말 거니까
올겨울은 왜 이렇게 길까,
눈도 오지 않는데
제 몸이 썩어가는 줄도 모르고
다시는 깨어나지 않는 겨울잠에 들고 말 거니까

쥐수염붓

왕희지와 추사가 아꼈던 붓이다
족제비나 토끼털로 만든 붓도 있지만
그중에도 으뜸은 쥐수염붓
놀라지 마라, 명필들은
쥐 수염 중에도
배 갑판 마루 아래에 사는 쥐에게서
가장 상품의 붓이 나온다고 믿었단다
배가 삐걱거릴 때마다
수염을 쫑긋거리는 쥐
파도가 치는 대로
머루알 같은 눈망울을 반짝이며
먼지 한 점 떨어지는 소리도 놓치지 않고 쭈뼛
일어설 줄 아는
그 수염이 최상의 붓이 되는 것이다
쥐에겐 여간 미안한 일이 아니지만
소심하다, 신경이 그렇게 날카로워서야 어찌 살겠느냐
핀잔을 듣는 날이 많지만

불안한 눈망울을 깜박깜박
수챗구멍을 들락거리는 한 시절
쥐 수염 같은 것이 내게도 있어
듬뿍 머금은 먹물로 일필
휘지하고 싶은 때가 있는 것이다

귀머거리 개들이 사는 산

개들의 메아리가 컹 컹 컹 산을 울렸다.
산중에 들어와서 개장수가 된 선배는
두툼한 장갑을 건네주며
쫑긋해진 귀 깊숙이 자전거 펌프를 꽂았다.
신경이 너무 예민하면 이것들이 자주 짖어대거든,
그럼 근수가 덜 나가게 되지.
바람이 새어 나가지 않게 귓구멍을 잘 막아야 해,
숨을 급하게 몰아쉬며
고막을 풍선처럼 단숨에 터뜨려버렸다.
저러다가 제풀에 지치고 만다 하였지만
고막이 터진 개들은 밤을 새워 요란하게 짖어댔다.
들리지 않는 제 목소리를 찾아 입을 벌렸다 다물고,
벌렸다 다물고, 벌린 입이 쩍
그대로 굳어진 채
다물어질 줄 모르는 계곡
산중에 들어와서 세상 같은 건 잊어버렸다고
오랫동안 덧나던 꿈도 이제는 아물어버렸다고

개장국에 말없이 술잔만 부딪는 밤
잃어버린 주인을 찾아 아가리가 얼얼해질 때까지
컹 컹 컹 잠든 개들의 메아리가 마구 문을 물어뜯었다.

얼음 신발

트랑고에 갈 거야 파키스탄 카라코람 산군
짐을 나르던 말들이 빙벽에 묻혀 잠을 자는 곳
바람이 구름을 밀고 지나가면 호수가 가만히 눈을 뜨는,
아직 가본 적은 없지만 오래전 호숫가에
눈부처가 되어 앉아 있었을 나를 알 것도 같은,
내 등산화는 언젠가 벗어놓았던 구름과
암벽에 앉아 있던 독수리의 날개 깃털을 기억하지
새로 장만한 등산화를 신고 사무실 계단을 오르고,
대학을 갓 졸업한 여직원 앞에서 썩은 생선 냄새를 풍기다 문득
생각하는 구름 너머 트랑고
사람들은 말하지 왜 허구한 날 등산화를 신고 다니냐고
내딛는 모든 곳이 산이라면 그 어디에도 산은 없을 거라고
그래도 나는 로프 대신 월급줄에 매달려 새벽 술집에서 비박을 하고

24시 싸우나에 베이스캠프를 세우지

가지 못한 나의 얼마쯤은 벌써 트랑고에 가 있으니까

카라코람 침봉 끝 구름 너머 하늘을 품고 있으니까

내뱉는 숨결이 암벽에 응결되는 순간을 기다려 해가 뜨면 쩡,

반사된 햇빛이 몇 만 킬로미터를 한달음에 넘어가는 곳

흘러내린 빙하 호수 따라 구겨진 내 얼굴 잔잔히 일렁이는 곳

서걱이는 얼음 발자국은 흘러 흘러 어디로 가는지

목마른 어느 몸을 빌려 가지 못한 길을 다시 떠나고 있는지

진창길을 지나온 트랑고 넝마구름처럼 너덜너덜 해어진 트랑고

사무실 열을 뿜는 모니터 배경 화면 속에서

눈폭풍 몰아치는 빙벽 위로 우뚝 솟아오르는 트랑고

제3부

동백 사원

동백이 무슨 쇠종이라도 된다는 듯이 눈보라가 꽃망울을 치고 간다 겹겹이 뭉친 망울 속엔 동박새 울음이 들었고, 가지를 쥐고 흔들던 시월의 서리 묻은 바람이 들었고, 한 방울 머릿기름을 얻기 위해 눈보라 속을 걸어오던 발소리가 들었다

묵언에 든 동백을 찾아 기억에도 없는 무슨 인연인가에 이끌려 땅끝까지 내달려온 길 둘 데 없는 마음은 미황사 처마처럼 벌어지는 꽃송이와 함께 얼어붙은 대기라도 살짝 밀어젖혀보고 싶은데

멀리 꽃향기를 날리는 대신 다리에 쇳덩이 추를 달고 떨어지는 독한 것, 동백은 죽어 제 그늘 위에서 다시 피어나는 꽃이다 산문을 닫아건 채 자신의 중심을 물들이며 추락하는 저 얼얼한 꽃빛이 땅땅 쇠종 소리를 낸다

굴참나무 술병

와인을 처음 마실 때 코르크 마개를 딸 줄 몰라 애를 먹은 일이 있다

촌놈 주제에 아내 앞에서 분위기 좀 잡으려다 식은땀을 흘린,

그때 뽑다 만 코르크 마개가 저 굴참나무다

얼마나 단단히 박아놓았는지 지난밤 태풍도 끙끙 힘만 쓰다 지나갔다

뽑혀나가지 않으려 땅을 움켜쥔 채 필사적으로 버틴 나무들

살짝 들린 뿌리를 따라 땅거죽도 얼마쯤 불쑥 잡아당겨져 있다

펑 따면 꽉 틀어막은 구멍 너머로 몇 백 년 묵은 술 향기 같은 것이 올라올 것 같은데

우르릉 쾅쾅 천둥 번개 치는 시간을 대지는 향그러운 알코올 속으로 끌어들였던 것

온 들판이 버티는 나무뿌리의 술병이 되게 했던 것

그러니 서두르지 말자, 나도 한 방울의 술이 되어 녹는

날이 올 테니

그때는 굴참나무 쪼록쪼록 술 익는 소리에 취해 천년을 더 기다려도 좋을 테니

뿌리에 매달려 떠오를 듯 들썩이던 길과 잡아당기다 만 저 산봉우리와

엉덩이를 들었다 놓은 바위들이 이제 나의 벗이다

은유

어깨높이로 담장을 올리고 나니 영락없이 겁 많은 달팽이다
나는 섬 같은 데 들어가서 소라 껍질을 둘렀다고 말하고 싶으나
빨랫줄에 내다 건 속옷과 깎지 않은 수염처럼
마당에 수북이 자란 풀잎들을 들키고 싶지 않을 뿐이다

담을 허물 수는 없고, 내성적인 집을 그대로 내버려둘 수도 없고,
어쩐다? 얼굴도 모르는 이웃사촌의 콧노래와
수저 부딪는 소리와
자잘한 입씨름에 자꾸 귀는 쏠려가는데

칼금을 그어놓은 책상 너머로 생일이라고,
사탕을 슬그머니 얹어놓고
시침을 뚝 떼고 앉아 있던 초등학교 때 내 짝 정이처럼
꼭 그처럼은,

담벼락 옆에 감나무 한 주 심어놓기로 한다

이것 좀 자시라 차마 말은 못 하고 슬며시
담 넘어간 가지에 눈치껏 익어갈 홍시를 기다려보기로
한다

감자꽃을 따다

주말농장 밭고랑에 서 있던 형이 감자꽃을 딴다
철문 형, 꽃 이쁜데 왜 따우
내 묻는 말에
이놈아 사람이나 감자나 너무 오래 꽃을 피우면
알이 튼실하지 않은 법이여
꽃에 신경 쓰느라 감자알이 굵어지지 않는단 말이다
평소에 사형으로 모시는 형의 말씀을 따라 나도 감자꽃을 딴다
꽃 핀 마음 뚜욱 뚝 끊어낸다
꽃시절 한창일 나이에 일찍 어미가 된 내 어머니도
눈 질끈 감고 아까운 꽃 다 꺾어냈으리라
조카애가 생기고 나선 누이도
화장품값 옷값을 말없이 줄여갔으리라
토실토실 잘 익은 딸애를 등에 업고
형이 감자꽃을 딴다
딸이 생기고 나선 그 좋은 담배도 끊고
술도 잘 마시질 않는다는 독종

꽃 핀 마음 뚜욱 뚝 분지르며
한 소쿠리 알감자 품에 안을 날들을 기다린다

바위를 쪼다

겨우내 뭉쳐 있던 땅에 곡괭이를 내려치는데
쩡,
불꽃이 인다
나는 앙탈을 부리는 저 바위를 캐 땅을 열리라
바위 밀어내고 감자를 묻으리라
양손에 퉤, 퉤 침을 바르고 하늘을 향해 들어 올린 곡괭이
다시 한 번 내려치는데,
얼어붙은 땅속에서
알이라도 품고 있었는지
숲 속에 가만히 웅크려 앉아 있다 꿩,
꽃향기를 뿌리며 날아오르는 까투리처럼
일어난 불꽃에 끔쩍 놀라 엉덩방아를 찧는다
백 년을 웅크리고 있다 둥지 위로 꿈틀, 고개를 내민 한 알
저 속에 무슨 생기가 있다는 말인가
결석을 품고 돌처럼 떼굴떼굴 바닥을 뒹구는 한 시절
뭉친 바위가 꼭 아프다고 신호를 보내는 살점 같아선
나는 그제사 바위 속 다치지 않게 바위를 쪼기로 한다

쩡,
내 사나운 곡괭이가 꿩,
줄탁하는 어미의 부리라도 된 것처럼

구름 농장에서

말라붙은 땅에서 누가 곡괭이질을 하고 있나
파헤친 땅에 땀방울 뿌려대고 있나
여기는 구름 농장, 구름을 목책처럼 두른
이 농장의 주산물은 포도, 뭉게뭉게
한 송이에 일만 개씩의 포도알이 열린다
마른하늘 끝에 비구름 몇 점 떠올릴 수 있다면
젖은 등 위로 스멀스멀 김이 피어오르도록
지상에 남은 마지막 한 방울의 비애를 마저 펌프질하라
지하철이 두두두두 수천 마리 두더지 떼처럼
지진을 일으키며 지나가는 농장에서도
상춧잎 들깻잎 푸르러가는 땅은 있으니
지하철 천장까지 내려갔다가 깜짝 놀라
방울토마토 뿌리로 돌아온 지렁이를 위로하며
나의 일은 이 땅에서 구름을 일구는 것
요즘은 비가 오지 않으면
난폭하게 구름을 헤집고 들어간 인공강우 편대들이
드라이아이스를 구름밭에 파종하기도 한다지만

병든 몸의 열기와 비린내를 벗고
이슬점까지 떨어진 물기들을 뭉쳐 둥근 경단을 빚는 것
구름 그림자가 스윽 몸을 스치기라도 하면
몸속의 물방울들이 먼저 알아듣고 수런거리는 소리가
들려온다
뜬구름과 뜬구름이 엉켜 雲母石 토양을 이루고 있는
과원
쿠르릉 기다리고 기다리던 구름의 출하가 시작되면
떨어져 으깨지는 방울방울이 내 노역을 향그럽게 하리
라
그를 위해 내 쟁기는 지층 속의 구름을 파고들고
삽날을 물고 놓지 않은 구름 이랑 속에 씨앗을 뿌린다

물통

농장에 있던 웅덩이가 바닥을 드러냈다
밭에서 한참 떨어진 샘까지 가서 물을 길어온다
걸을 때마다 욕심껏 퍼 담은 물이 철철 물통을 흘러넘친다
상추밭에 물을 많이 줘야 하는데,
남은 물은 고추에게도 주고 감자에게도 줘야 하는데
아까운 물들이 길바닥에 다 쏟아져서 맥이 빠진다
수도가 끊기고 나니 알겠다
코끼리 코처럼 길게 늘인 호스줄 잡고 물을 줄 때
주말농장 두 이랑 밭뙈기는 취미 삼아 기르는 화분에 지나지 않았다
비지땀을 흘리며 몇 번씩 밭과 웅덩이 사이를 왕래하면서
나는 처음으로 머위와 감자와 방울토마토의 목마름을 생각한다
가문 여러 날 뿌리 끝에 쥐고 놓지 않는 한 방울
속에 든 구름과 하늘을 생각한다

날파리 떼 붕붕대는 웅덩이
눈을 찌르고 들어온 검불을 헤치고 물을 퍼 담는다
아까운 물 다 쏟는다고, 걸음걸일 조신스럽게 해야 한다고
나는 몇 번이고 다짐을 해보는 것이지만
비틀비틀 수평을 잡느라 애를 먹는 사이
내 밭의 상추 뿌리와 길가의 풀뿌리가 이웃임을 겨우 안다
걸을 때마다 몇 달 불가뭄에 마른 꽃대처럼 시들해 있던 먼짓길이 촉촉하게 살아나고 있으니
자울자울 늘어져 있던 풀들이 반짝 고개를 들고 깨어나고 있으니
아마도 밭과 길가의 풀들은 내 발소리를 비구름 소리로 이해할지도 모를 일
비구름 기다리듯 쿵쿵 내 발자국 기다릴지도 모를 일
그러니 날이 저물기 전에 몇 통의 물을 더 길어 나르기로 하자

말라붙은 뿌리에 매달려 동동거리는 한 방울의 목마름을 위하여

푸른 밧줄

마당귀에 풀이 우북하다
모처럼 만에 작심하고
뽑아내려는데,
뿌리 쪽에서 제법 힘이 느껴진다
가문 여러 날
타들어가는 혀끝에
감질나는 이슬방울 몇
굴리며 건너온 자의 저력이 만만치 않다
뿌리를 꽈악 물고 뻣세게 버티는 힘
풀잎 가운데 불끈
도드라진 잎맥을 타고 올라와
은근히 내 힘줄을 당긴다
어디 줄다리기라도 한번 해보자는 것인가
저 푸르른 근력으로 나를
땅겨보겠다는 것인가
맥없이 지낸 며칠
줄을 쥔 손목에 바짝 힘이 들어간다

아파트 모내기

아파트 옆 논에 모내기가 한창이다
모난 아파트가
모내는 논 속에 담겨 있다
아파트 그림자를 품은 논물이
장화발자국 따라
깊숙이 빨려 들어간다
내딛는 발목을 물고 떨어지지 않는 힘
그 힘으로 뻐근하게 뭉친 콘크리트와 철근을 반죽한다
요술을 부리는 매매가와 전세가를
밟고 또 밟으면서 흙반죽한다
딱딱하게 굳어 있던 몸을 풀고
말랑말랑 차진 흙 속에 뿌리를 내려라
간밤에 부부싸움을 한 1205호 베란다와
융자금 갚을 생각에 잠을 설친 1305호
창틀에 내다 건 이불에도 모를 꽂는다
논물 속에 고인 아파트가 모판이다
창문이 헤 입을 벌리고

모를 받아먹는다
모처럼 만에 창문을 열어젖힌 얼굴들이
한 모 두 모 돋아나고 있다

죽은 양귀비를 곡함

양귀비를 키워보았음 했는데 마침 씨를 구했습니다 누구는 배앓이할 때 쌈을 싸 먹으면 좋다 하고, 열매즙을 짜서 담배에 묻혀 말린 뒤 피우면 마음이 편안해진다고 합니다 나는 소문으로만 듣던 꽃이나 좀 보고 싶어서 주말농장 텃밭에 겁 없이 씨를 뿌리기로 하였답니다 새로 꺼낸 솜이불이 살결에 와 닿는 감촉으로, 씨앗들이 숨을 쉴 수 있도록 너무 답답하지 않게, 흙을 덮을 때는 어린 것들 다치지 마라 바람에 날려가지 마라 흙덩이를 일일이 손으로 비벼 뿌려주고 다독거려주는 걸 잊지 않았습니다 그런 어느 날이었을까요 알뜰하게 살피던 땅에 누가 때 아닌 쥐불을 놓은 게 아니었겠습니까 한눈에 멀리서도 활활거리는 불길에 아이쿠나 내 양귀비 모두 타 죽고 말겠구나 물통을 들고 달음박질 친 곳에서 만난 불은 다름 아닌 양귀비였습니다 처음 보지만 어디선가 본 듯한 얼굴들이 있는데 양귀비가 딱 그렇지요 넋을 잃은 저는 양귀비와 함께 밭 한구석을 활활거렸습니다 삼겹살에 양귀비 쌈을 싸 먹고 된장에 무쳐 먹으며 다디단 술잔을 불러보기도 하였습니다 양귀비를 애첩 삼아 끼고 사는 동안 사람들은 제 얼굴이 몰라보게 평안해 보인다고 하였습니다 저는 그때 평화가 게으름과 통한다는 걸 깨달았지요 어쩌면 이렇게 마음이 편안하고 게을러지니 성실을 으뜸으로 삼는 사람들이 금기시하는 것도 당연하다는 생각이 들었습니다 그런 또 어느 날이었을까요 농장 쥔 양반이라는 분이 어째 불안해하는 것 같아서(꽃빛에 아주 질려버린 그는 꽃 하나 때문에 감옥에 갈 수는 없는 노릇이라고 저를 설득하는 데 많은 공을 들였습니다) 하릴없이 뿌리들을 모두 화분에 옮겨 담아오고 말았는데 그날 이후로 시난고난 앓던 양귀비 모두 죽고 말았습니다 한 뿌리도 남김없이 혀를 깨물고 말았습니다 온갖 거름과 영양제를 주었지만 이미 소용없는 노릇이었지요 양귀비는 옮기면 죽는 꽃, 제가 뿌리 내린 땅과 한 몸이 되어서 땅덩이째 옮기지 않으면 목숨을 끊고 마는 독한 꽃 저는 그제야 양귀비를 보러 가던 내 발소리와 일을 잃고 양귀비 옆에서 한숨을 짓던 날들과 밭 너머로 지는 노을에 둘 데 없는 눈을 맡기고 있던

어느 저물녘과 금기를 어기던 즐거움과 내 불안까지가
모두 양귀비라는 것을 겨우 알게 되었습니다

초승달 기차

기차가 휘어진다

직선으로, 무작정 내달려온 땅을

가만히 안아보는 기차

상처투성이 산허리를

초승달이 품는다

달 속에서 기적이 울린다

자전거 안장

낡은 안장을 떼어내고 새 안장을 얹으려 하자
자전거는 그게 싫다는 눈치다
녹이 슬었는지 안장이 빠지질 않아요
고집 센 당나귀 같으니라구
점포 주인이 공구를 찾으러 간 사이
떨어지지 않겠다 떼를 쓰는 안장을 가만히 쓰다듬어본다
이 짐승을 길들이기 위해 나는 하룻밤을 꼬박 지새운 적이 있다
카우보이처럼 그가 지쳐 쓰러질 때까지
낙마를 거듭하며 달려간 적이 있다
그때 대지는 파도 갈기 휘날리는 바다였고
안장은 그 위에 얹은 통통배였다
나는 바람에 부푼 옷을 돛 삼아 닻줄을 풀었다 감던 마도로스
길이 사나워지면 굴곡을 따라
아픈 엉덩이를 통 통 통 두드려주며

리듬을 조절해주던 안장
가만히 세워두면 구름이 앉고, 새들이 앉고
어딘가로 몰고 가기 위해 바람이 페달을 밟던 자전거
그는 이제 자신의 의사를 묻지 않고
일을 저지른 나를 은근히 힐난하는 눈치다
엉덩이에 굳은살이 박이지 않도록
쿠션이 예전보다 훨씬 좋아졌다지만
잔등에 처음 안장을 얹은 말처럼 자전거가 툴툴거린다
마음 같아서는 낙마를 시키고 말겠다는 눈치다

시골 버스

아직도 어느 외진 산골에선
사람이 내리고 싶은 자리가 곧 정류장이다
기사 양반 소피나 좀 보고 가세
더러는 장바구니를 두고 내린 할머니가
손주 놈 같은 기사의 눈치를 살피며
억새숲으로 들어갔다 나오길 기다리는 동안
싱글벙글쑈 김혜영의 간드러진 목소리가
옆구리를 슬쩍슬쩍 간질이는 시골 버스
멈춘 자리가 곧 휴게소다
그러니, 한나절 내내 기다리던 버스가
그냥 지나쳐 간다 하더라도
먼지 폴폴 날리며 한참을 지나쳤다 투덜투덜
다시 후진해 온다 하더라도
정류소 팻말도 없이 길가에 우두커니 서서
팔을 들어 올린 나여, 너무 불평을 하진 말자
가지를 번쩍 들어 올린 포플러와 내가
버스 기사의 노곤한 눈에는 잠시나마

한 풍경으로 흔들리고 있었을 것이니

남해 밥집

　남해 앵강만 쪽에 가면 아는 분이 펜션을 하고 있는데 새로 지은 흙집 지붕 위에 솥뚜껑을 떡하니 얹어놓았다

　앵강만 유자향도 마늘향도 좋지만, 서울서 귀양 온 별 하나 반짝이는 노도 앞바다 밤하늘도 좋지만 밥솥 모양이 흙집이 좋아 나는 눈매 선한 쥔 양반 따라 나무도 하고 장작불도 때어보곤 한다

　조개껍질 같은 섬에 들어 조개 속살처럼 말랑말랑해져서 섬집 사람들에게도 먼저 인사를 건네는 며칠 여기서는 설익은 나도 한 톨 쌀이 될 수 있으려나 솥뚜껑 뒤집어쓰고 쩔쩔 끓는 흙바닥에 앉아 파도 소리 통통 뱃소리 약으로 듣다가 잘 익은 밥알이 될 수 있으려나

　그렇게 잘 익으면 솥뚜껑 위에 앉은 구름을 삼겹살처럼 지글지글 구워서 노도 앞바다 푸른 파도 탈탈 털어 쌈을 곁들이고 싶은 집

서울서 언제 올 거냐 전화가 오면 나는 지금 한참 뜸 들이는 중이라고 밥 다 되면 돌아갈 거라고 대답한다 앵강만 바닷바람 속에 문풍지 밥물처럼 끓어오르는 흙집

가슴에 묻은 김칫국물

점심으로 라면을 먹다
모처럼 만에 입은
흰 와이셔츠
가슴팍에
김칫국물이 묻었다

난처하게 그걸 잠시
들여다보고 있노라니
평소에 소원하던 사람이
꾸벅, 인사를 하고 간다

김칫국물을 보느라
숙인 고개를
인사로 알았던 모양

살다 보면 김칫국물이 다
가슴을 들여다보게 하는구나

오만하게 곧추선 머리를
푹 숙이게 하는구나

사람이 좀 허술해 보이면 어떠냐
가끔은 민망한 김칫국물 한두 방울쯤
가슴에 슬쩍 묻혀나 볼 일이다

빙어 해장

산적 같은 내 사촌의 배는 불룩한 어항이 되었다
만취한 그가 산 빙어를 대접째 훌훌
들이마셔버린 것이다 나는 감히
따라 할 엄두를 내지 못한 채 멀거니 바라나 볼 뿐인데
물과 함께 목구멍을 미끄덩 통과한 빙어가
내장 속으로 파다닥 빨려 들어갈 때
살얼음 밀치는 물결 같은 것이 일렁이는지
진저리를 치며, 어이 배 속에 물고기가 노는 게 느껴지는구먼
이놈들이 장 청소를 하나 보네
사촌은 이게 이래 뵈도 역사가 있는 해장법이라
임진란 때 억울하게 죽은 덕령 장군으로부터
면면히 이어온 거라 너스레를 떠는데,
동학군들 빨치산 노령병단들 숨어 찾아들던 추월산
불우한 사내들의 배 속 술독을 다스리기 위해
식도를 뚫고 위장까지 곧장 물길 트는 빙어
담양호를 통째로 다 마셔버리기라도 할 듯이

꿀꺽꿀꺽 두 눈 가득 얼얼한 물빛 담는다

물고기 입술을 기다림

깨어진 무르팍에 앉은 딱지
냇물에 담그면 철렁,
놀라 달아났던 물고기들이 모여들어
입을 맞추었다

맛난 돌이끼라도 뜯어 먹듯
헌 딱지 가져가고
흉터 없이 연한
새살이 돋아나곤 하였다

상처에 앉은 딱지를 뜯을
용기는 나지 않고,
딱지 아래 아무는 속살들은 영 가렵기만 하고,
누가 가르쳐주었는지 몰라

깨어진 무르팍에 붙은 흙을 살살
혀로 골라낸 뒤

약쑥을 붙여주던 할머니처럼
물고기는 오래된 나의 의원

4대강 순례길, 먼길 퉁퉁 부은 발을 어루만져주는 물속
물고기 주삿바늘을 기다려본다
환하게 따끔거리던 기억이
강물 소리를 내며 내 안을 흘러 다녀선

백 년 동안의 바느질

할머니 대숲으로 들어간다 아가, 그해는 대꽃이 폈단다 소금배미 옆 대밭에서 들쥐 우는 소리가 밤마다 담을 넘어오곤 했지 큰 홍수에 어머니 관을 잃어버린 상만이 아버지가 들판을 헤매고 다니다가 벙어리가 돼버린 그해(경부고속도로가 개통된 1970년을 할머니는 이렇게 기억하시고)

그날은 아침 햇살이 어찌나 쨍쨍하던지 간짓대에 내다 건 빨래가 벌써 다 마르고 있었나 보다 아침부터 갱변에서 양수장 발동기 돌아가는 소리가 들리더니 수로를 타고 온 붕어들이 집 앞 고랑까지 와서 퍼덕거렸지 날이 날이니만치 늬 할아빈 매운탕 근처엔 얼씬도 않았다(1970년 4월 13일을 할머니는 또 이렇게 기억하시고)

할머니 대숲으로 들어간다 월남에 갔다 온 만식이 삼촌이 농약을 마시고 죽은 그날 공사장에서 돌아온 덕실댁이 앉은뱅이가 되어 돌아온 그날 정지 바닥에 쭈그려 앉은 아버지 아궁이에 불 지피는 소리, 무쇠솥에서 물 끓는 소리, 삼거리 점방에서 고기근 끓어오는 큰아버지 마악 사립문을 들어서는 소리(1970년 4월 13일 10시 30분을 할머니는 또 이렇게 잊지 못하시고)

　대숲에 누워 잠든 할머니 바느질을 한다 할머니 가시지 않는 시간 속에서 나도 한번은 물고기 등을 타고 놀던 설화의 주인공이었던 것 같은데, 살 속을 파고든 댓가시 따끔따끔 살아나는 밤 대나무 한 땀 한 땀 하늘을 꿰맨다

새의 부족

새들의 노래로 지도를 만드는 부족이 있었다지
새들의 방언에 따라 국경선과 도계를 긋고 살았다는
사라진 부족의 이야기를 어디에서 들었더라
아마도 새들은 모든 뻣뻣한 경계선을 수시로 넘나들었을 거야
수백 킬로쯤 끌고 온 국경선을 강물에 풍덩 빠뜨리고
산정에서 끝난 도계를
노을 지는 지평선까지 끌고 가 잇기도 했을 테지
그런 선들이 악보가 아니라면 무엇일까
끝없이 출렁이는, 새로 그려지는
풍경들은 아마 음표를 닮아 있었겠지
악보를 읽는 일이 지도를 보는 일과 같았을 때
그들의 귓속으론 별자리가 흘러들었을 거야
어느 부족의 방울새는 도라지멍울이나 개암열매가 터지듯이 울고
어느 부족의 방울새는 나뭇잎에 빗방울 부딪는 소리를 내며 울다가

수면 위로 막 뛰어오른 물고기 비늘이
햇빛과 부딪칠 때의 순간처럼 반짝였겠지
노래의 장단과 고저를 따라 해발이 시작되고
강의 시원과 하구를 측량하던 그때
측량할 수 없음을 측량하던 그때

저 부신 부리 끝 좀 봐, 나침반처럼
사라진 지도의 한쪽을 콕 찍으며 날아가는

내 시의 저작권에 대해 말씀드리자면

구름 5%, 먼지 3.5%, 나무 20%, 논 10%
강 10%, 새 5%, 바람 8%, 나비 2.55%
돌 15%, 노을 1.99%, 낮잠 11%, 달 2%
(여기에 끼지 못한 당나귀에게 대단히 미안하게 생각함)
(아차, 지렁이도 있음)

제게도 저작권을 묻는 일이 가끔 있습니다 작가의 저작권은 물론이고 출판사에 출판권까지 낼 용의가 있다고도 합니다 시를 가지고 단편 애니메이션을 만들겠다고 한 어느 방송국 피디는 대놓고 사용료 흥정을 하기까지 했답니다 그때 제 가슴이 얼마나 벌렁거렸는지 모르실 겁니다 불로소득이라도 생긴 양 한참을 달떠 있었지요 그럴 때마다 참 염치가 없습니다 사실 제 시에 가장 많이 나오는 게 나무와 새인데 그들에게 저는 한 번도 출연료를 지불한 적이 없습니다 마땅히 공동저자라고 해야 할 구름과 바람과 노을의 동의를 한 번도 구한 적 없이 매번 제 이름으로 뻔뻔스럽게 책을 내고 있는 것입니다 저는 작

자미상인 풀과 수많은 무명씨인 풀벌레들의 노래들을 받아쓰면서 초청 강의도 다니고 시 낭송 같은 데도 빠지지 않고 다닙니다 오늘은 세 번째 시집 계약서를 쓰러가는 날 악덕 기업주마냥 실컷 착취한 말들을 원고 속에 가두고 오랫동안 나를 먹여 살린 달과 강물 대신 사인을 합니다 표절에 관한 대목을 읽다 뜨끔해하면서도 초판은 몇 부나 찍을 건가요, 묻는 걸 잊지 않습니다 알량한 인세를 챙기기 위해 은행 계좌번호를 꾸욱 꾹 눌러 적으면서 말입니다

지리산과 나의 불편한 관계

지리산에 전화를 건다
아마도 진달래 수달래
꽃물결 짜하게 번져 있던
칠선계곡 어디쯤,
아님 물안개를 속곳처럼 아슬하게 걸쳐서
보얀 살결이 드러날까 말까
넋을 잃기 좋았던 선녀탕 부근?

지리산에서 잃어버린 휴대폰에
전화를 걸어본다 나는
누군가와 늘 통화 중이었지만
언제나 불통이었지
불통의 대가로 비싼 통화료만 냈어
그런데 그때 그 산속에서까지
통하지 않으면 안 될 소중한 누가
과연 내게 있기는 있었단 말인가

무인도는 가지 못하고
통화권이라도 이탈할 수 있는 자신을
한숨처럼 탁 놓여날 수 있는 자신을
확인이라도 하고 싶었단 말인가
지나가던 산토끼나 호기심 많은 곰이
사용법을 몰라 애를 먹고 있을지도 모를,
성질 급한 멧돼지의 배 속에 들어가서
가끔씩 들어오는 문자 메시지 소리로
꾸르륵거리고 있을지도 모를

휴대폰에 음성 메시지까지 남겨본다
아마도 산은 휴대폰 하나 때문에
통화권을 이탈해버린 자신이 믿어지지 않을 것이다
이탈한 적도, 통화를 거부한 적도 없이
우연하게 떠맡은 애물단지의 처리를 놓고
지끈지끈 골치가 아플 것이다

내가 통화권을 이탈한 뒤에 지리산을 만났다면,
지리산은 나를 만나고서야 비로소
통화권을 이탈했다 할까, 그럴까
산은 받지 않는다 심기가 불편한지
내내 묵묵부답이다

해설

박수연 문학평론가

치욕을 견디는, 관계의 꿈

시의 새로움이 언어 형식에서만 가능한 것은 아닐 것이다. 손택수의 시를 따라 읽다 보면 존재와 존재들의 새로운 관계는 언어의 규정력 때문이 아니라 존재들의 상관성 자체로부터 만들어진다는 사실을 알게 된다. 이를테면, 심미적 새로움은 새로운 언어가 아니라 세계의 내용들이 형성하는 새로운 관계들로부터 온다. 논리적으로 정리해둘 필요가 있겠다. 첫째, 한 편의 진정한 시는 새로운 의미내용을 전제한다. → 둘째, 시의 대상인 개별적 존재들이 있다. → 셋째, 시인은 존재들의 관계 방식을 고찰한다. → 넷째, 손택수에게 그 관계는 대부분 병렬로 나타난다. → 마지막으로, 시는 세계를 새롭게 의미화한다. 이 과정의 핵심이 '관계'라는 말로 정리될 수 있을 것이다. 손택수의 시는 그 관계에 바치는 언어구성체이다. 시집의 첫 시 「꽃단추」에서부터 그 점이 두드러진다. 시의 1연은 "단추를 풀고 채우는 시간을 기다릴 줄" 아는 지혜를 말한다. 이 지혜 자체가 새로운 의미가 될 수는 없다. 혹은 삶의 섭리에 대한 깨달음일 수도 있는데, 이 또한 마찬가지이다. 그것은 존재나 사건의 일의적 영역이지 새로운 관계 맺음이 아니다. 새로운 관계를 위해서는 전혀 다른 영역이 등장해야 하는데, 시의 2연이 바로 그것이다.

무덤가에 찬바람 든다고, 꽃이 핀다

용케 제 구멍 위로 쑤욱 고개를 내민 민들레
지상과 지하, 틈이 벌어지지 않게
흔들리는 실뿌리 야무지게 채워놓았다

—「꽃단추」부분

'민들레'가 지상과 지하를 여며놓은 단추라는 것. 이 사실 또한 중요한 시적 전언이지만,「꽃단추」를 읽는 독자는 그와 함께 민들레의 생사 시간에 대해서도 염두에 두어야 한다. 단추를 풀고 채우는 시간에 대한 인식이란 다만 시간의 지체나 계류만을 가리키는 것이 아니다. 그것은 지상과 지하 혹은 삶과 죽음 사이의 시공간 전체를 환기한다. 그렇다면 그 사이에 존재하는 모든 사물과 사건 들이 '야무진' 생명들의 존재증명이라는 사실 또한 주목되어야 하는 것이다. 그 생명들이 피고 지는 시간 사이의 운명이 그러므로「꽃단추」에는 포함되어 있다.

손택수 시의 구성 원리는 이렇게 상이한 개별적 존재를 동질적인 존재 운동 방식의 규정을 받는 것으로 밝혀놓는 병치이다. 여기에는 삶의 기쁨과 비극 모두가 포함된다.「모과」는 독자의 마음 저 깊은 곳에서 흘러나오는 상실의 울음을 모과 속 애벌레와 겹쳐놓고 있는 작품이며,「물통」은 '밭의 상추 뿌리'와 '길가의 풀뿌리'를 동일한 생명의 그물로 묶어놓고 있는 작품이다. 절망과 환희 모두 세상의 운명이라는 사실을 알게 될 때 그것들이 병치됨으로써 예기치 않았던 신생의 의미들이 형성된다는 사실도 알게 될 것이다.

그런데 존재들의 병치는 그 존재들 각각의 의미들이 개별성을 획득할 때 가능한 것이다. 손택수 시의 또 다른 원리가 여기

에 있다. 그의 시는 주로 시적 섬광의 현재에 집중한다. 「새」를
보자.

점 하나를 공중에 찍어놓았다 점자라도 박듯 꾸욱
눌러놓았다

날갯짓도 없이,
한동안,
꿈쩍도 않는,
새

비가 몰려오는가 머언 북쪽 하늘에서 진눈깨비
소식이라도 있는가

깃털을 흔들고 가는 바람을 읽고 구름을 읽는
골똘한 저,
한 점

속으로 온 하늘이 빨려 들어가고 있다

―「새」 전문

 긴장된 삶의 엄정함이 묻어나는 목소리이되, 여기에는 어떤
강제도 없다. 독자들은 시적 진술들의 간명함을 따라 세계의 실
체에 도달하는데, "새"는 그 실체의 한 지점이 포함하는 격렬함
을 압도적으로 형상화한다. '압도적 형상화'라고 쓴 것은 의도

가 있어서이다. '형상화'가 고정점이라면 '압도적인 것'은 힘의 운동을 의미할 것이다. 따라서 '압도적 형상화'는 손택수의 시가 현상하는 방식 하나를 알려준다. 운동과 정지의 겹침이 그것이다.

우선 '새는 하나의 점'으로 표현된다. 이루 말할 수 없는 것들이 이 "점" 속에 있을 것이다. 그것은 소통의 와중에서 보존되어야 하는 의미들의 '고정점'(J. 라캉)이자, 지울 수 없는 얼룩―삶 일반의 순수성을 구체적 오염으로 드러내는 것―이다. 그것은 쾌이자 불쾌, 요컨대 의사소통을 가능케 하는 점이지만, 근원의 순수성으로 나아가는 길을 막는 장벽이기도 하다.

'새-점'을 형용하는 것들이 '눌러놓은', '꿈쩍도 않는', '골똘한'이라는 말일 때, 그 '새-점'은 정지의 형상을 표상한다. 시적 섬광의 현재가 이것에 충당된다. 그러나 그것을 둘러싸고 있는 배경이 격렬한 운동을 펼쳐 보인다. '비가 몰려오고' '온 하늘이 빨려 들어가고' 있는 것이다. 일반적으로 한 존재의 배경이 정지된 상태에 있고 그 배경 속에서 부감되는 존재들이 움직임의 양상을 보여준다면, 「새」에서 배경과 존재는 정확히 그 반대의 관계이다. 그렇다면 다시 고정점의 의미를 생각해보아야 할 것이다. 왜냐하면 언어의 소급작용에 있어서는 고정점이 의미 형성을 가능케 하는 요소이지만 「새」에서 고정점은 배경에 의해 의미화되는 대상이기 때문이다. 그러니까 시는 기표의 불완전한 소급작용과는 전혀 다른 방식으로 시적 대상을 형상화한다고 할 수 있다. 첫째, 시인의 흐르는 시선을 묶어두는 '새'는 자신이 점자처럼 놓인 허공의 움직임에 의해 의미를 산출한다. 둘째, 시는 고정점의 작용과는 다른 방식으로, 따라서 의미의 계류가 아니라 의미의 확정을 지향하는 방식으로 구성된다.

손택수의 시가 독특한 의미를 얻는 지점이 바로 이곳이다. 그의 시는 세계의 투명성 속에서 구성되는 의미들의 구성체이지 불투명성 속에서 해체되는 반의미의 언어놀이가 아니다. 그의 시 대부분이 환유보다 은유의 언어 작용을 보여주는 이유가 여기에 있을 것이다. 시적 섬광의 현재란 그 투명한 의미가 저항선을 뚫고 기표의 표면으로 솟아오르게 되는 순간을 뜻한다. 사물과 사건 들의 병치는 그 섬광을 발생시키는 격렬한 시적 장치이다. 이와 함께 저 병치의 충돌이 야기하는 환한 불꽃의 조명 속에서 세계의 비의가 드러난다. 그래서 그의 언어는, 혹은 이렇게 말할 수도 있다면, 삶이라는 거대한 공간에 하나의 점으로 놓일 시의 언어는 '그 점 속으로 하늘이 빨려 들어가'듯이 삶 전체를 빨아들이는 장소이다. 이때 그의 언어들은 자율적 기표들의 미끄러짐이 발생하는 장소가 아니라 그 기표들과 필연적으로 관계 맺는 세계의 거주지가 된다. 독자들이 그의 시에서 자신의 삶의 한 편린을 따뜻하게 확인할 수 있는 것은 그 때문이다. 앞에서 그의 시의 심미적 새로움은 새로운 언어가 아니라 세계의 내용들이 형성하는 새로운 관계들로부터 온다고 썼던 이유가 여기에 있다.

그런데 주체와 대상의 동일화라는 서정시 일반의 규율이 보통의 이해와는 달리 시마다 상이한 방식으로 지켜진다는 점도 주목해두어야 한다. 「구름 농장에서」는 「새」와 비교해볼 때 시적 주체와 대상의 힘이 전혀 다른 방향으로 작용하는 시이다. 「새」에서 주체와 대상이 '주체→대상'의 방향을 택하고 있다면

「구름 농장에서」는 그것을 '대상→주체'의 방향으로 틀어놓는다. 주체가 대상으로 나아가는 것이 아니라 대상이 주체를 먼저 건드린다.

> 병든 몸의 열기와 비린내를 벗고
> 이슬점까지 떨어진 물기들을 뭉쳐 둥근 경단을 빚는 것
> 구름 그림자가 스윽 몸을 스치기라도 하면
> 몸속의 물방울들이 먼저 알아듣고 수런거리는 소리가 들려온다
> 뜬구름과 뜬구름이 엉켜 雲母石 토양을 이루고 있는 과원
> 쿠르릉 기다리고 기다리던 구름의 출하가 시작되면
> 떨어져 으깨지는 방울방울이 내 노역을 향그럽게 하리라
> 그를 위해 내 쟁기는 지층 속의 구름을 파고들고
> 삽날을 물고 놓지 않은 구름 이랑 속에 씨앗을 뿌린다
> ─「구름 농장에서」부분

상식적인 수준에서 본다면 주체가 대상을 동일화하려는 것이 서정시의 일반적인 언어 구성 방향이다. 저간에 서정시의 독재에 대해 언급되었던 것들의 핵심이 바로 그것일 것이다. 그런데 '주체→대상'으로 방향을 잡는 힘의 작용에 대상 지배의 욕망이 아예 없다고 말할 수는 없겠지만,「구름 농장에서」는 그 욕망의 밑바닥에 놓인 힘의 방향이 서정시에 대한 그런 상식적 이해와는 전혀 다른 상태로 작용한다는 사실을 보여준다. 주체가 대상을 부르는 것이 아니라 대상이 먼저 주체를 호출하는 것이다. 그러니까 구름이 먼저 시인의 옆구리를 건드린다("구름 그

림자가 스윽 몸을 스치기라도 하면"). 그런데 이 방향의 전도가 주체와 대상의 비동일화를 구성하는 것도 아니다. 오히려 그 구름은 시인의 몸속에 있던 물방울들이 먼저 알아듣고 수런거리는 대상이다. 요컨대, 시인이 구름과 동일화된다. "떨어져 으깨지는 방울방울이 내 노역을 향그럽게 하"는 순간이 그때이다. 힘의 작용 방향은 거꾸로이지만 그것의 결과는 마찬가지라는 것, 이것이 서정시의 운명이라면 손택수의 시는 그 운명에 대한 집요한 응시의 산물일 것이다.

의문이 있을 수도 있다. 주체와 대상의 동일화를 통한 대상 지배 욕망이 문제되는 것은 시적 무의식의 차원, 혹은 주체와 대상의 관계를 주체중심주의로 설정하려는 근대적 인식의 한계를 지적하기 위한 것이 아닌가. 옳은 지적이지만, 그 지적이 대안으로 제시하는 것이 '타자'라는 존재와 그것의 주체 분열적 힘을 강조하는 것이라는 사실을 주목하기로 하자. 요컨대, 주체의 지배를 넘어서기 위한 교두보가 타자라는 존재라면, 그 타자의 능동적 힘을 포착하는 것도 주체중심주의를 벗어나기 위한 하나의 방법론이 된다고 할 수 있다. 이 타자의 우선권은 「구름농장에서」의 경우처럼 벌어진 사건 그대로의 형상으로 표현될 수도 있고, 최근 시들의 경우처럼 주체 분열적 사건의 언어적 징후로 표현될 수도 있다. 타자에 주목하는 내용이라는 면에서 보면 이 둘 사이에 커다란 차이가 있는 것은 아니다. 손택수는 전자의 방법을 택하는 셈인데, 최근 시들의 분열 징후적 언어 사용 방식에 대비해서 본다면, 그것이야말로 그의 시의 중요한 징표라고 할 수 있다.

각각의 개별적 존재들과 그것들의 겹침 속에서 시적 의미가

탄생한다는 점과 함께, 특이한 사실 한 가지를 지적해두어야겠다. 모두 3부로 구성된 시집의 각 부를 여는 첫 작품들은 공통적인 소재를 활용한다. 여기에서도 독자들은 손택수 시의 구성 원리를 확인할 수 있다. 1부의 「꽃단추」가 '지상과 지하', '무덤'을 사용한다면, 2부의 「빛의 감옥」은 도시의 주거지를 "환한 무덤"으로 비유하고, 3부의 「동백사원」도 스스로 죽어 제 무덤 위에 다시 피는 동백을 묘사한다. 이를테면 시집은 '죽음'의 터전 위에서 펼쳐지는 의미들의 집산지이다. 그것들은 각각 '삶의 비극'(1부)과 '도시적 삶의 소모성'(2부), '생태적 세계와 신생'(3부)을 다루는데, 이 개별성들을 함께 묶어주는 소재가 바로 '죽음'인 것이다. 그런데 '죽음'이 소재일 때 그 의미의 강렬성 때문에 소재는 소재의 영역을 뛰어넘는다. 그것은 시 전체를 지배하는 주요 동기이다. 이때 시집의 각 부, 그리고 각 부의 시편들이 그 주요 동기와 함께 병치되고 있는 중이라는 사실이 드러난다.

그런데 병치는 모종의 아픔을 동반하는 경우가 대부분이다. 충돌한다는 사실 자체가 썩 기분 좋은 일은 아니거니와 병치의 충돌이란 존재의 개별성들이 각기 저마다의 주장을 상대에게 펼쳐 보이는 사태를 뜻하는 것이기도 하다. 그러니까 언어의 민주주의란 일종의 혼란을 동반할 수밖에 없는데, 민주주의의 데모스(demos)가 이미 그 혼란을 어느 정도 함축하고 있는 것이다. 시집 1부의 시편들이, 아무래도 삶의 비극에 대한 절창들을 선호하는 나로서는 자주, 그리고 아프게 눈이 가는 곳이다. 그곳에서도 그 아픈 '나'를 아슬하게 드러내는 시가 「수채」이다. 그 일부를 보자.

어딘가로 번지기 위해선 색을 흐릴 줄 알아야 한다 색을 흐린다는 것은 나를 지울 줄 안다는 것이다. 뭉쳐진 색을 풀어 얼마쯤 흐리멍텅, 해질 줄 안다는 것이다

　(중략)

　저를 얼마쯤은 놓칠 줄 안다는 것 묽디묽은 풍경 속에서 멈칫, 흐릿해질 줄 안다는 것 색을 흐린다는 것은 그러니 나를 아주 지우지는 못한다는 것이다 나를 아주 지우지는 못하고 물끄러미, 다만 물끄러미 놓쳐본다는 것이다.

―「수채」 부분

　시는 흐려지는 운명에 대해 말하고 있지만, 이 흐려짐은 삶이 어떤 그늘 속에 들어가 있음을 말하는 것이기도 하다. 이때 인간은 인간의 영역을 슬쩍 벗어나보기도 한다. 그는 저 밖의 세상으로 슬몃 번져나가는 몸짓을 하는 것이다. 그것이 '죽음'의 또 다른 이름이라는 사실을 독자들은 마음 깊은 곳에서 이미 알고 있을 것이다. 다만 그것을 입 밖으로 내놓지 않는 것일 뿐이다. 왜냐하면 발설은 번짐이 아니라 단호한 외침이며 따라서 수채가 아니라 유채에 해당하기 때문이다. 시인은 그러니까 단호하게 말하지 못하는 존재이다. 그는 다만 속울음을 울며 우는 사람을 망연자실 바라보기만 하는 사람이다. 그는 "다만 물끄러미 놓쳐본다는 것"이 삶이라고 맹세한 사람일 뿐이다. 그 흐름 속에서 다만 타자에게 번져나갈 수 있기를 소망하는 존재이다.

　이것이 '치욕을 견디는 법'이라고 시인은 도시의 나무를 바라보면서 말한다. '치욕의 푸른 나무'(「나무의 수사학 1」)가 수사학적으로만 존재할 때, 세상은 삶의 슬픔만 가득 차서 무의미한

장소일 것이다. 그런데 그 치욕이 때로는 죽음과 함께 신생을 예감하게 하는 사건들의 거처가 되기도 하는 법이다.「얼음의 문장」은 그 사건들의 신생을 향한 운동이 단지 수사학이 아니라 실제 사건으로 바뀔 수도 있다는 사실을 잘 알려주는 시이다. '죽음을 각오한 삶'과 '치욕을 거부하는 삶'이 한데 있으며, 이로써 그 싸움만큼씩 허락되는 삶이 출현한다. 가령「나무의 수사학 6」은 그 힘겨운 삶의 가장 깊은 곳에서 저 하늘을 밀며 움직여가는 목숨을 노래한다.

> 아직도 세상 어딘가엔 양말 속에 촉 나간 알전구를 받쳐 넣고
> 수명이 다한 전구빛 살려내듯 실을 풀어내는 여자가 있지
> 기운 양말을 신고 구석구석 방 소제를 하시는 어머니가 있지
> 갈라진 발뒤꿈치에 찰칵, 들어온 불이 꺼질 줄을 모르는 화장실
> 살갗 터진 나무도 꽃등을 켜들고 서선
> 올 나간 머리카락 흐린 하늘을 민다
> ―「나무의 수사학 6」

이때 시는 더 이상 수사학이 아니다. 아마 어머니도 수사학이 아닐 것이다. 그것은 다만 그곳에 있는 대상 그 자체이다. 어머니에 관한 한 그 어떤 언어도 이미 췌사라는 사실을 독자들은 너무 잘 알고 있다. 그 어머니가 나무가 되어 세상을 밝히며 밀고 간다는 사실, 그것이 중요하다. 그것이 나무이기 때문에 손택수에게 그 미학적 새로움은 인간중심주의적 의미의 새로움이 아니다. 그것은 탈인간적 새로움이며 그렇다는 의미에서 그의

시적 병치 전략은 모던한 언어 사용 방식이 아니라 포스트모던한 언어 사용 방식이다. 병치는 아주 낡은 문학적 장치이지만 그 낡음이 온전히 새로운 언어라는 사실을 손택수의 시는 이렇게 보여준다. 아마 이것은 그의 상상력 자체가 이미 인간을 벗어난 세계에 대한 지향이기 때문일 것이다. 그렇다고 그가 인간을 벗어났다고 생각해서는 안 될 것이다. 그는 흐려지지만 지워지지 않는 세계에 있다는 것, 그것이 주체와 타자에 대한 그의 시적 사유라는 것이 분명히 기억되어야 할 것이다.

시인의 말

사주팔자에 열이 많아 자주 활활거린다는 내 불아궁에는 재가 한 소쿠리나 된다. 자고 일어나면 천근만근 속눈썹 끝에 매달려 있다 떨어지는 먼지들, 한 점 속엔 마흔이 된 내가 있고 또 한 점 속엔 잡았다 놓친 숨결들이 있다. 바람이 화 입김을 불고 지나가면 창문에 하얗게 끼는 먼지들, 그 위에 낙서를 하는 건 미성년의 내 쓸쓸한 버릇이다. 손가락으로 밀면 양옆으로 밀리면서 돋아나는 풍경들 속에 뿌옇게 지워져가는 말들이 있다. 책장 속에 숨어 있다 기어가는 벌레들처럼 오래전 누군가 슬어놓은 말들을 저만치 밀어낸다, 밀어낼수록 살갗에 볼을 부비는 이 혈연감은 어느 가계의 것인지……. 어린 날 유리창을 닦던 헝겊 조각처럼 황사 낀 하늘 한쪽에 새가 날고 있다. 서렸다 사라지는 입김처럼 구름이 떠 있다.

어려운 시절 이마를 맞대고 함께 수저질을 해온 실천문학 사람들에게 고마움을 전한다.

―가라뫼 아래서 6월 손택수

실천시선 185
나무의 수사학

2010년 6월 30일 1판 1쇄 찍음
2025년 5월 31일 1판 10쇄 펴냄

지은이   손택수
펴낸이   윤한룡
편집   신한선
관리   이소연
디자인   윤려하
펴낸곳   (주)실천문학
등록   10-1221호(1995. 10. 26.)
주소   남양주시 퇴계원읍 퇴계원로 52 405호
전화   02-322-2161~3
팩스   02-322-2166
홈페이지 www.silcheon.com

ⓒ 손택수, 2010

ISBN 978-89-392-2185-7 03810

이 책 내용의 전부 또는 일부를 재사용하려면
반드시 지은이와 실천문학 양측의 동의를 받아야 합니다.